© 2019 Renners Media
3. Auflage 2024
Nina-Winkel-Straße 21a, 46325 Borken
Alle Rechte vorbehalten.

Text und Illustration: Kai Renners
Lektorat: Elena Bruns
Druck und Bindung: Rehms Druck GmbH
Landwehr 52, 46325 Borken

Printed in Germany
ISBN 978-3-945288-04-7

www.rennersmedia.de

Kai Renners

DIE KLEINE FLIEGE ZAPPELBEIN

Die kleine Fliege Zappelbein steckt voller Ideen und Tatendrang.

Im Affenzahn saust sie im Kreis herum.

Wie ein echter Rennfahrer.

Ganz schön auf Zack.

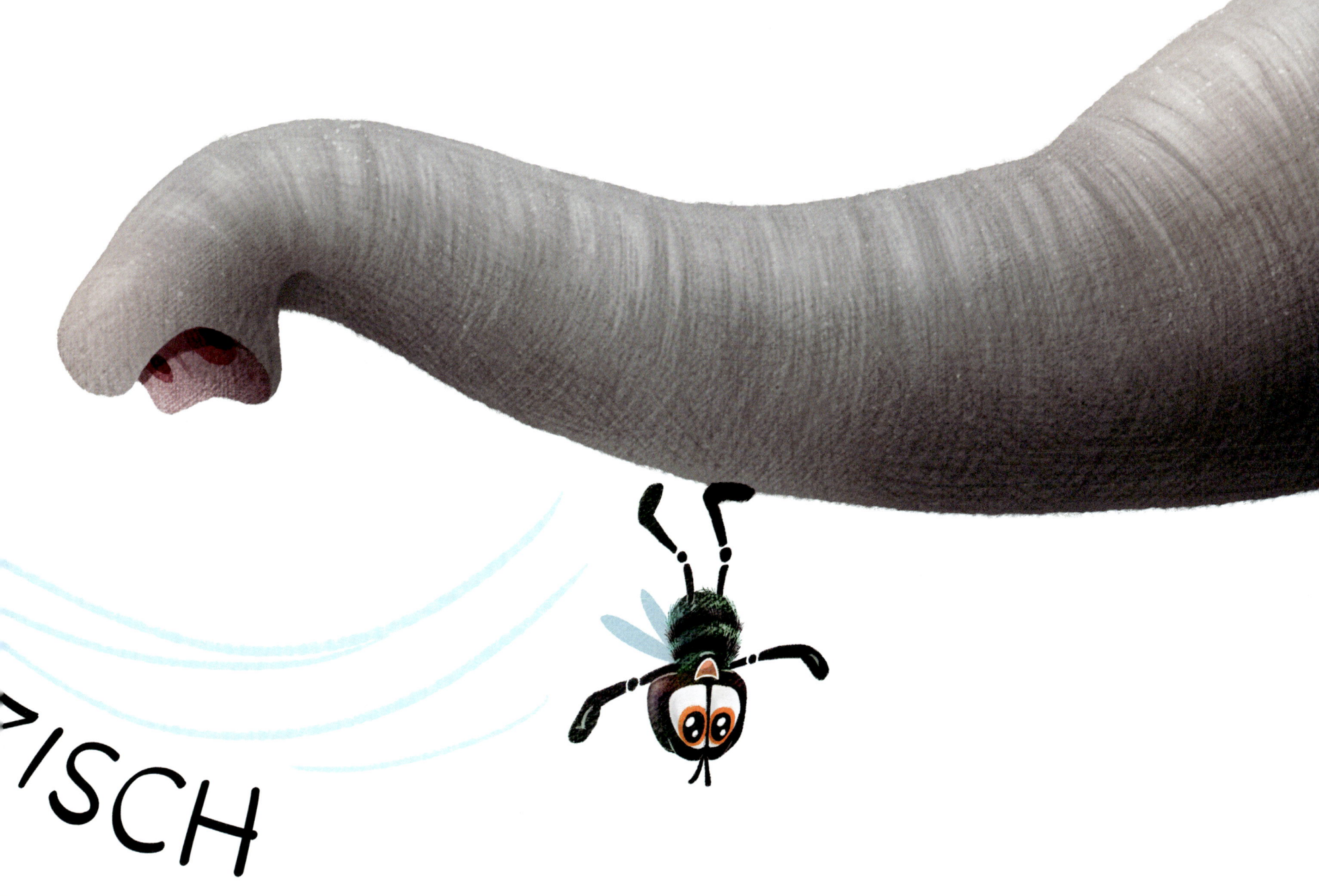

ISCH

Gleich danach geht sie Kopfüber.
Wie ein echter Superheld.

Furchtlos balanciert sie mit geschlossenen Augen.
Den Abgrund unter sich.
Wie ein echter Zirkusartist.

Wenn ihr mal nichts mehr einfällt,
tobt sie ziellos umher.
Wie ein Wirbelsturm.

HUST

Kein anderes Tier kann das alles so gut
wie die Kleine Fliege Zappelbein.
Sie ist nicht zu bremsen und will sofort
beim Spiel der anderen Tiere
mitmachen.

Schwups – hat sie dem Elefanten seine Spielfigur aus dem Rüssel geschnappt.
Jetzt ist sie dran!

Die anderen Tiere sind wütend.
Nie kann die kleine Fliege warten, bis sie an der Reihe ist! Immer bringt sie alles durcheinander!

„Wir haben keine Lust mehr, mit dir zu spielen", brummt der Elefant und alle kehren ihr den Rücken zu.

Die Kleine Fliege ist enttäuscht – irgendwie hat sie mal wieder alles falsch gemacht.

KA-BUMM – explodieren ihre Gefühle! Sie wirft sich auf die Erde, strampelt mit den Beinen und hämmert mit den Fäusten auf den Boden ein – so ein Theater!

Die anderen Tiere haben genug, sie wollen die
Kleine Fliege Zappelbein endgültig nicht mehr bei sich haben.

„Aber was soll ich denn anders machen?", will
die Kleine Fliege wissen und schnieft traurig.
„Wenn du einfach nur mal ruhig sein könntest,
das ist doch nicht so schwer. Du musst dich
nur mehr anstrengen", ermahnt der Elefant.

„Nimm dir ein Beispiel an den anderen", stimmt die
Giraffe ein. „Schau dir mal die Schnecke an, die
ist nie so wild wie du."

MECKER

Der Orang-Utan blafft: „Hast du denn keinen Knopf,
an dem man dich ausschalten kann?"
Doch so sehr die kleine Fliege auch sucht,
einen Knopf kann sie auch auf ihrem Rücken nicht finden.
„Irgendwas scheint mit mir wohl nicht zu stimmen", grübelt
Zappelbein und schlurft traurig nach Hause.

Am nächsten Tag will sie die anderen Tiere besuchen,
doch der Elefant wirft mit Sand nach ihr, um sie sich
vom Leib zu halten.
Der Orang-Utan droht ihr wütend mit der Faust,
als sie ihm zu nahe kommt.

„GRRRR...“

PATSCH!

Und die Giraffe versucht, sie mit ihrem haarigen Schwanz zu verscheuchen. Volltreffer!

Die kleine Fliege Zappelbein landet mit Schwung
in einem klebrigen Spinnennetz.

Jetzt hat es sich ausgezappelt! Widerstand zwecklos.
Vom Stillhalten wird der Kleinen Fliege Zappelbein ganz schwindelig.
Und Angst hat sie auch – was, wenn jetzt eine Spinne kommt!

Sie ruft aus Leibeskräften. Endlich hat der
Orang-Utan sie gehört und befreit die Kleine Fliege.
Doch statt dankbar zu sein ...

... ist die Fliege richtig sauer!
Sauer wie ein ganzer Sack Zitronen.
Zornig und enttäuscht trommelt sie mit ihren Fäusten
auf die Giraffe ein. Wenn die anderen wegen ihres
Gezappels nicht so gemein zu ihr gewesen wären,
dann wäre sie nie in das gefährliche Netz geraten.

„STOOOPP!“

brüllt da der Elefant.

Prompt hört Zappelbein auf zu zetern.
„So ist es gut!", lobt der Elefant die kleine Fliege.

Die Giraffe überlegt, ob gute Worte vielleicht
besser wirken als das ständige Rumgemecker.
„Wir sollten alle mehr Verständnis füreinander haben",
findet der Orang-Utan. „Schimpfen und Hauen ist nicht
nett. Und wir wissen ja, dass du uns mit deinem
Gezappel nicht extra ärgerst."

Den Tieren tut es leid, dass sie so
gemein zu der Kleinen Fliege waren.
Und langsam versteht Zappelbein, dass
nicht jeder so ein Sausewind ist wie sie.

„Aber wir können ja auch
voneinander lernen", stellt der
Orang-Utan fest, als sich alle
wieder vertragen haben.
„Etwas mehr Bewegung würde
uns guttun", brummt er und
schaut auf seinen dicken Bauch.

Gesagt, getan: Ein wilder Hindernislauf ohne Abkürzung
wird gebaut. Beim Start ist den Tieren etwas mulmig,
denn etwas anders zu machen als sonst, ist
nicht immer leicht. Aber sie wollen es
alle versuchen!

Geschafft! Es lohnt sich, etwas Neues auszuprobieren, denn Veränderung kann richtig Spaß machen. Das findet sogar der Elefant. Und bei der kleinen Fliege ist es nun schon viel besser mit der Unruhe. Ein gutes Gefühl, wenn jeder bereit ist, den anderen zu verstehen und sich ein bisschen zu ändern. Und weniger Streit gibt es auch!